AF339021

L'ASSEMBLÉE NATIONALE

ET LES PARTIS

PAR

Maxime LECOMTE

DOCTEUR EN DROIT.

AVESNES

CHEZ ELIET-LACROIX, LIBRAIRE-ÉDITEUR.

1871.

L'ASSEMBLÉE NATIONALE

ET LES PARTIS.

Vox populi, vox Dei.

Préliminaires.

Les questions de suffrage sont, dans les Sociétés modernes, les plus graves, les plus essentielles : il importe donc
de les étudier. A notre époque, le peuple cherche toutes les
occasions de lire et de s'instruire ; il a faim et soif de vérité
comme de justice. Les hommes qui ont une foi politique et
peuvent la formuler se doivent à la satisfaction de ces
besoins nouveaux. Répandre son opinion, en donner un
exposé calme, sincère, désintéressé, c'est toujours faire
œuvre utile. Si notre siècle, en effet, a une foi, c'est la foi

dans le libre examen qui permet de discuter toutes les croyances. Hommes, institutions, religions tout a été scruté profondément, et, s'il était des idoles magnifiques dont l'intérieur cachait des impuretés sans nombre, le prestige de ces idoles a disparu et elles ont chancelé sur leur piédestal, lorsqu'elles n'en sont pas déjà tombées. « *Nous avons perdu le respect,* » a dit *M. Guizot,* caractérisant d'un mot cette tendance générale des esprits. Mais ce respect que nous avons perdu, devons-nous le regretter ? Et cette témérité qui l'a remplacé, est-elle un mal ? — Non. La vérité naît environnée de langes ; ces langes nuisent à son entier développement ; mais bientôt la lutte s'engage autour d'elle ; dans cette lutte des opinions, ses voiles tombent lambeaux par lambeaux ; elle finit par apparaître dans sa divine nudité.

Il ne faut donc jamais craindre de faire appel à la raison , unique instrument que l'homme possède pour arriver au vrai. L'erreur, appelant sa réfutation, est elle-même un pas en avant ; elle est bien préférable au silence des esprits timides et paresseux qui, dans la crainte de trouver le pire, renoncent à chercher le mieux et laissent étouffer la voix d'une revendication généreuse, heureux que leur sommeil n'en soit plus troublé.

La Souveraineté nationale.

A une époque et chez un peuple où les mots et les hypothèses ont beaucoup trop d'influence, les idées et les faits beaucoup trop peu, il faut, quand on veut donner à ses paroles un fondement solide , recourir aux premiers principes , les établir, les proclamer. Recherchons donc ce qu'est la souveraineté nationale.

Quelle que soit l'origine de ce fait, l'homme vit en société. La base de la société , en même temps que la société-type , c'est la famille. Un nombre plus ou moins considérable de familles se trouvent réunies par leur histoire , leur langage , la configuration du territoire , la cohésion des intérêts, pour former une nation. Les individus qui composent ces familles , cette nation , se trouvent un jour privés du [lien commun qu'on nomme le gouvernement, c'est-à-dire de la puissance qui fait , applique et exécute la loi. Sans loi , sans commandement qui limite les intérêts individuels dans l'intérêt de tous , une nation tombe dans cet état épouvantable qu'on nomme *anarchie*. Donc , cette nation qui du jour au lendemain se trouve sans gouvernement est obligée de s'en faire un. Comment ? — La raison répond : puisque ce pouvoir est institué pour sauvegarder les intérêts de tous et se faire obéir de tous, tous doivent le nommer. — Cette réponse est la proclamation de la souveraineté nationale.

Les Principes.

I. Le principe de la souveraineté nationale est la base des sociétés modernes.

II. Le suffrage universel est l'expression de la souveraineté nationale.

III. La souveraineté nationale s'exerce par délégation,

dans l'ordre du pouvoir exécutif comme dans celui du pouvoir législatif.

Le suffrage universel nomme ses mandataires.

Ces trois propositions absolues nous apparaissent comme des axiômes ; mais, en politique, rien n'est plus faux qu'un axiôme : les principes n'ont de valeur que leur valeur pratique , leur application aux faits. Un peuple n'est pas un produit spontané de l'activité du monde et le meilleur gouvernement ne naît pas d'une délibération improvisée. Chaque peuple, en effet, a ce qu'on peut appeler son tempérament, c'est-à-dire son caractère et ses traditions et il faut que la forme du gouvernement soit appropriée à ce tempérament. Avant donc de déduire du principe de la souveraineté nationale la forme rationnelle du gouvernement , il importe d'interroger l'histoire et de passer en revue les différents systèmes qui tour à tour ont été acceptés par les Français,

La Légitimité.

Ce qui constitue le caractère essentiel du parti légitimiste, c'est la prétention que par une délégation des pouvoirs de la Providence , c'est-à-dire de Dieu , en tant qu'il gouverne les choses d'ici-bas, une famille déterminée , les Capétiens , les Bourbons , si l'on veut , ou plutôt , pour employer un terme consacré, *la maison de France* , a le droit de régner sur la nation française. Comme c'est là un principe théocratique, les prêtres sont presque tous partisans de ce système : le trône et l'autel se sont toujours prêté un mutuel appui. L'histoire de France s'intitule *gesta Dei per Francas* et le monarque a le droit de s'écrier : l'*Etat , c'est moi* ; il n'est, en effet , responsable que devant Dieu et peut se passer du concours de tout corps délibérant pour n'interroger que sa conscience.

Si la légitimité n'est plus cela , si le chef de la maison de France ne vient pas revendiquer le trône de ses pères en disant : *C'est mon droit* , mais en se présentant comme le plus digne ou le plus utile , la légitimité ne mérite plus un examen spécial et se place au même rang que les autres systèmes monarchiques. Prenons donc la légitimité, comme on l'a toujours entendue , avec son principe théocratique , *son droit divin.*

La Providence, pour nous servir du langage des partisans de la légitimité, la Providence dont les voies sont impénétrables, a successivement appelé au trône de France trois familles, trois races ; elle a commencé à abandonner la race des capétiens en 1789, et s'est servie pour cela d'une abominable révolution qui se souilla en se faisant régicide. On put croire que la troisième race était condamnée à jamais par le Très-Haut et que Napoléon, nouveau Capet, serait le fondateur d'une quatrième dynastie. Il n'en fut rien : la Providence reprit les Bourbons pour quinze ans et les laissa choir une seconde fois. Était-ce un arrêt définitif ? — On ne peut que l'augurer et il est assez probable que Dieu ne veuille plus se servir d'une famille qui a produit un conquérant comme Louis XIV, un libertin comme Louis XV, un révolutionnaire comme Philippe-Egalité.

Remarquons que le chef actuel de la maison de France n'a pas encore obtenu du ciel un héritier direct ; remarquons aussi que la branche cadette de la famille de Bourbon n'a aucune prétention au droit divin ; qu'elle l'a même nié, en se rendant coupable d'une usurpation, à la suite d'une émeute populaire.

L'Hérédité.

Différentes dynasties s'appuient non pas sur le droit divin, mais sur le droit populaire. Si elles veulent régner par la grâce de Dieu, elles veulent surtout obtenir la consécration de la volonté nationale. Mais c'est seulement pour cette consécration qu'elles font appel au peuple ; le peuple ensuite n'a plus que le droit de voter pour une chambre basse qu'on nomme Chambre des députés ou Corps législatif. Dans ce système, on n'abuse pas du principe de la souveraineté nationale, on le restreint même beaucoup. Mais on prétend qu'il a sur le système républicain un avantage immense : *il assure la stabilité.* Depuis 1789, on a remarqué que Charles X a succédé à Louis XVIII. Cet avantage, si sérieux qu'il puisse être, ne nous paraît pas compenser les inconvé-vénients suivants :

1° Possibilité de voir arriver au trône, par droit de naissance, un fou comme Caligula ou Héliogabale, ou bien un imbécile comme Claude.

2° Exiger du monarque une habileté et une sagesse presque surhumaines, une prescience extraordinaire de l'opinion publique, afin de ne pas céder aux conseils des courtisans et d'accorder à temps les modifications gouvernementales ou législatives devenues nécessaires, le tout pour satisfaire le besoin de changement qui tourmente continuellement le peuple français et pour éviter un changement plus radical et dont les suites sont terribles, qu'on appelle *Révolution.*

3° Accorder la souveraineté au peuple à la condition qu'il l'abdiquera immédiatement ; reconnaître un droit, pour le confisquer plus facilement, non pas pour un certain laps de temps, mais jusqu'à l'extinction de la dynastie, et cela au grand détriment des générations futures qui n'auront pas donné une seule voix à la famille régnante et devront lui obéir sans mot dire.

Nous renvoyons à un remarquable article d'Armand Carrel les personnes qui seraient désireuses d'approfondir cette question de l'hérédité.

La République.

Tout gouvernement qui repousse le principe de l'hérédité s'appelle *République*. Le chef ou les chefs de l'Etat sont élus à vie ou pour un temps limité ; le droit de suffrage est étendu à tous, ou plus ou moins restreint.

La forme républicaine a apparu trois fois dans notre histoire. Comment est-elle venue ? Comment a-t-elle disparu ?

Quoiq... ...u'on puisse faire sortir des données historiques n'importe quelle... ...solution, il est peut-être utile de jeter un rapide coup d'œil sur les... révolutions de notre pays depuis quatre-vingts ans. Le peuple v... ...t-il mieux, est-il plus heureux en 1871 qu'en 1788 ? C'est là po... ...ur ceux qui ont reçu quelque instruction un point facile à éluci... ...er. Le peuple souffre encore et le sol de la patrie est profonde... ...ment ébranlé par ces révolutions successives. Qu'importe ! Si le cha... ...r qui nous emporte marche dans la voie du progrès, malgré les orn... ...ères et les pierres d'achoppement, il faut nous écrier : Qu'est-ce que quatre-vingts ans dans la vie d'un peuple ? Travaillons, souffrons : nos enfants seront plus heureux que nous ; et,

si nos enfants souffrent et pleurent, nos petits-enfants peut-
être seront plus heureux.

Si dans une œuvre de récapitulation , nous dressons un
tableau de nos grandes révolutions, nous trouvons les résul-
tats suivants :

1789.— *Coup d'Etat*, accompli par les députés de la bour-
geoisie, au détriment de la monarchie capétienne.
PREMIÈRE RÉPUBLIQUE.

1799.— (18 brumaire). *Coup d'Etat*, accompli par Napoléon
Bonaparte.

1815.— Retour du monarque *de droit divin*, à la suite des
armées étrangères. Charte octroyée.

1830. — *Emeute* populaire tournant au profit de la branche
cadette des Bourbons. Charte modifiée par la
Chambre des députés.

1848.— *Emeute* populaire. Election d'une Constituante.
La souveraineté nationale s'exerce par délégation
et se prononce pour la DEUXIÈME RÉPUBLIQUE.

1851.— (2 décembre). *Coup d'Etat* , accompli par Louis-
Napoléon Bonaparte. *Plébiscite*. La souveraineté
nationale s'abdique.

1870.— (4 septembre). *Coup d'Etat*, accompli par la dépu-
tation de Paris. TROISIÈME RÉPUBLIQUE.

Ainsi, si nous interrogeons l'histoire , nous trouvons que
la souveraineté nationale a eu à se prononcer *formellement*
sur le mode de gouvernement en 1848, en 1851 et en 1852.
La première fois, elle s'est exercée par délégation en faveur
de la République ; les deux autres fois elle a abdiqué plé-
biscitairement en faveur de Louis-Napoléon Bonaparte ; le
plébiscite de 1852 fut même confirmé par celui du 8 mai
1870.

Conséquences extrêmes de la Souveraineté nationale.

Veut-on rechercher l'absolu et tirer du principe de la souveraineté nationale ses dernières conséquences, on arrivera à dire : le peuple est le véritable souverain ; il fait et défait les lois et les constitutions. — Que serait un gouvernement appuyé sur une pareille base ? Qui ne voit que ce serait l'anarchie elle-même se faisant gouvernement. Aussi, un logicien rigoureux a proclamé naguère cet aphorisme politique : *L'anarchie est le meilleur gouvernement.*

Au nom de la *stabilité* qui est une des conditions premières de la vie sociale, la loi même de sa conservation, il faut repousser cette conséquence extrême du principe que nous avons établi : la souveraineté nationale ne s'enchaînant jamais et pouvant à chaque instant renverser le gouvernement existant.

Une autre conséquence, également extrême, mais opposée, donne pour un jour à la souveraineté nationale une puissance absolue et la condamne ensuite à une impuissance éternelle ; reconnaît l'existence de cette souveraineté pour lui permettre de s'anéantir

Le *plébiscite* est la procédure bien connue de ce droit nouveau.

Au nom de la *justice*, au nom même du *bon sens*, nous ne pouvons admettre cette lâche démission de tout un peuple. Cette abdication, en effet, non seulement lèse de grands intérêts dans le présent, mais condamne les générations à venir à subir un despotisme que personne n'a demandé ou à faire une révolution qui met en péril l'existence même de la société.

Limitation du temps.

Pour une société, *la stabilité est dans le mouvement*, mais un mouvement réglé. La dynastie mène à la révolution ; la révolution mène à l'anarchie.

Le système qui s'offre d'abord pour concilier ces deux choses : conservation et changement, est celui d'après lequel le pouvoir se délègue *pour un certain nombre d'années*. Les Etats-Unis d'Amérique l'ont adopté et n'ont pas eu une seule révolution depuis celle qui les a séparés de la métropole, un peu avant 1789. Ce système a donc en sa faveur une expérience sérieuse.

Pour éviter les inconvénients d'une élection trop fréquente, dans un second système les pouvoirs du chef de l'Etat sont viagers. Ainsi, Napoléon Bonaparte fut nommé *consul à vie*.

Mais le principe de l'hérédité se prête lui-même à cette conciliation qui donne le changement pour éviter la révolution. Ce dernier système se nomme la *monarchie constitutionnelle* et s'appuie sur ce principe : *le Roi règne et ne gouverne pas*. Qu'importe que le monarque soit faible ou ambitieux, si les institutions sont plus fortes que la personne du Souverain. Le Gouvernement réside dans les chambres et le ministère, émanation des chambres ; le Roi personifie la nation, la représente auprès des ambassadeurs et des souverains étrangers et figure à la fois, par lui et ses descendants, la majesté du peuple et la perpétuité de la loi.

Cette constitution est celle de l'Angleterre. Elle a donc aussi en sa faveur la consécration de l'expérience.

Limitation du suffrage.

A Athènes, les citoyens exerçaient directement leurs droits d'administrateurs et de législateurs souverains. Des milliers d'hommes se réunissaient dans l'*agora*, nommaient les magistrats ; faisaient les lois, décrétaient la paix ou la guerre. Le territoire de la République était peu étendue ; les citoyens étaient peu nombreux et avaient le loisir de s'occuper des affaires publiques : la plus grande partie de la population était composée d'*esclaves*. Les nationalités modernes, avec leur grande unité, avec l'égalité civile, ne pourraient s'accommoder d'un pareil gouvernement, à peine possible à Saint-Marin et à Andorre.

La souveraineté est donc un *mandat* confié par le peuple. — Par le peuple entier ? — En France, le droit public rejette du droit de suffrage les femmes, les mendiants, les repris de justice, les aliénés... Le suffrage n'est donc pas *universel*. Cette limitation est-elle suffisante ? — Je ne le crois pas. — Pour deux causes : la cupidité de la population urbaine et l'ignorance de la population rurale. La première cause est toujours près d'engendrer la révolution sociale, tentée notamment en 1848 et en 1871. Cette révolution n'a pas une doctrine rationnelle, un programme défini et jusqu'ici elle ne s'est manifestée que par le pillage, l'incendie et l'assassinat. Du reste, l'ouvrier des villes est presque aussi ignorant que l'homme des champs, qui se traine à la remorque des influences locales, et, avec une sorte d'entêtement, depuis qu'il a conquis la glèbe en 1789 sur ses anciens oppresseurs, demande un maître. Le maître abuse de l'or et du sang du peuple et va tristement échouer à Waterloo, à Sedan.....

Il faut repousser la dictature du comité de salut public et la dictature de l'ignorance. Le premier moyen est le *cens électoral*. Ce moyen a fait du gouvernement de Louis-Philippe un système basé sur la corruption. Ce gouvernement refusa l'adjonction des capacités et tomba en 1848.

Le second moyen est d'exiger de l'électeur qu'il puisse au moins vérifier son bulletin de vote, le lire, l'écrire lui-même : c'est le *cens intellectuel* substitué au cens pécuniaire.

Un troisième moyen est le suffrage à deux dégrés. Ce système, adopté déjà dans une de nos nombreuses constitutions, respecte le principe de la souveraineté du peuple, puisque tout le monde est électeur et éligible au premier degré. Le mandant connait parfaitement son mandataire ; il raisonne la confiance qu'il accorde et n'exerce pas en aveugle une souveraineté illusoire.

Ceux que leurs concitoyens reconnaissent comme les plus intelligents et les plus honnêtes choisissent les mandataires du peuple. Le suffrage universel n'est plus un instrument entre les mains du despotisme, qui reconnait au peuple le droit de faire un député, une constitution, un Roi ; mais lui refuse le pouvoir de nommer, même au second degré, le maire d'une commune.

Conclusion pratique.

L'assemblée de 1871 a été nommée non-seulement pour faire la paix avec l'étranger ; mais aussi pour réorganiser le pays. On ne peut cependant pas soutenir que ses pouvoirs soient illimités dans leur étendue et dans leur durée. La *préoccupation* incontestable de l'opinion entière était la guerre engagée avec l'Allemagne. Il ne faut donc pas que cette assemblée fonde par elle-même quelque chose de définitif ; car il ne doit pas exister sur la légitimité d'une constitution l'ombre d'un doute, d'un soupçon.

Que faut-il faire ?

1° Voter la *loi électorale*.

Faut-il apporter de nouvelles limitations au *suffrage universel ?* — On dit que cette institution est une conquête de la démocratie sur laquelle il est absolument impossible de revenir.

2° Convoquer une assemblée *constituante*, c'est-à-dire une assemblée qui aura le *mandat formel* de choisir le mode de gouvernement qu'elle croit le plus approprié à la nation française.

Si la loi électorale est bonne, si elle prévient les funestes effets de la corruption et de l'intrigue, elle enverra à la Chambre des hommes sages et éclairés, qui, après mûres délibérations, avec liberté et désintéressement, choisiront entre une république, comme aux États-Unis ou une monarchie constitutionnelle, comme en Angleterre.

Le principe théocratique de la légitimité et le principe de l'hérédité aboutissant à la création du *pouvoir personnel* nous paraissent tous deux condamnés par l'histoire et par les aspirations actuelles du pays.

Indépendance respective des partis ;

Résolution sincère de s'incliner devant la manifestation libre de la volonté générale ;

Telle est la conclusion qui nous semble devoir être adoptée par tous les hommes intelligents et honnêtes.

15 juin 1871.

Douai.—Imprimerie DUTHILLŒUL et LAIGLE, 12, rue des Procureurs.